HEYNE <

Dieses Büchlein ist meiner
Mutter Denise Rickman (geborene O'Farrell)
gewidmet, deren warmes und ermutigendes
Lächeln mich stets sowohl aufgebaut
als auch beruhigt hat.

Cheryl Rickman

Das kleine Buch der Leichtigkeit

Einfach mehr Freude und Gelassenheit ins Leben bringen

Aus dem Englischen übersetzt
von Karin Weingart

WILHELM HEYNE VERLAG
MÜNCHEN

Die Originalausgabe erschien 2020 unter dem Titel *The Little Book of Serenity* bei Gaia Books, einem Imprint von Octopus Publishing Group Ltd, Carmelite House, 50 Victoria Embankment, EC4Y 0DZ, England.

Die in diesem Buch vorgestellten Informationen und Empfehlungen sind nach bestem Wissen und Gewissen geprüft. Dennoch übernehmen die Autorin und der Verlag keinerlei Haftung für Schäden irgendwelcher Art, die sich direkt oder indirekt aus dem Gebrauch der hier beschriebenen Anwendungen ergeben. Bitte nehmen Sie im Zweifelsfall bzw. bei ernsthaften Beschwerden immer professionelle Diagnose und Therapie durch ärztliche oder naturheilkundliche Hilfe in Anspruch.

MIX
Paper from responsible sources
FSC® C004378

Penguin Random House Verlagsgruppe FSC® N001967

Taschenbucherstausgabe 05/2021

Redaktion: Dr. Diane Zilliges
Umschlaggestaltung: Guter Punkt, München, unter Verwendung von Motiven von © keiko takamatsu / Getty Images
Designer and Illustrator: Abigail Read
Herstellung: Mariam En Nazer
Satz: Vornehm Mediengestaltung GmbH, München
Druck und Bindung: PBtisk a.s., Příbram
ISBN 978-3-453-70419-0
www.heyne.de

1. Das ABC der Leichtigkeit

Angesichts einer schwierigen Situation gibt es zwei Möglichkeiten: Entweder wir verändern etwas an ihr, oder wir verändern unsere Einstellung ihr gegenüber. Da sich jedoch vieles unserer Kontrolle entzieht, besteht die erste Option oft nicht.

Deshalb frage ich mich, wie es wäre, wenn wir …

… alles, was sich unserem Einfluss entzieht, mit ruhiger Akzeptanz betrachten würden statt mit Widerstand?

… jegliches Bedauern und alle Zukunftsängste losließen, um uns auf die Dinge zu konzentrieren, die wir steuern können?

… unsere eigenen Erfahrungen höher schätzen würden als die Meinung anderer?

… Perfektion als das betrachten würden, was sie ist – ein Ding der Unmöglichkeit –, und mit uns selbst zufrieden wären?

… das ganze Spektrum unserer Gefühle akzeptieren würden – von Glückseligkeit bis Traurigkeit und auch alles dazwischen?

… das Leben unter dem Aspekt des ABC beziehungsweise ABM von Akzeptanz, Balance und Mitgefühl betrachten würden (anstelle von Vergleich, Kritik und Erwartungen)?

Dann verliefe unsere Fahrt auf dem Fluss des Lebens doch bestimmt ruhiger? Nun, nicht immer vielleicht, aber sehr oft.

In diesem Kapitel erkunden wir Wege, die unvermeidlichen Herausforderungen des Lebens zu akzeptieren und ein gesundes Gleichgewicht von persönlichem Wachstum und Dankbarkeit, Weiterentwicklung und Selbstakzeptanz, Selbstoptimierung und Zufriedenheit zu finden.

»Wenn es regnet, kann man nichts Besseres tun, als es regnen zu lassen.«

HENRY WADSWORTH LONGFELLOW

A wie Akzeptanz

Manchmal zerschlagen sich Pläne, Erwartungen erfüllen sich nicht, Fehler passieren. Und wir fühlen uns deshalb schlecht. Doch genau in diesen Situationen erfahren wir am meisten über uns: wenn wir uns in Akzeptanz üben und offen dafür sind, hinzuzulernen, die Dinge zu steuern, die wir steuern können, und alles andere anzunehmen, wie es ist.

- **Rechnen Sie mit dem Besten und akzeptieren oder ändern Sie das Schlimmste.** Erwartungen können enttäuscht werden, aber das ist kein Grund, nicht immer auf Gutes zu hoffen. Hoffnungen und positive Erwartungen sorgen für gute Gefühle und oft auch einen erfreulichen Ausgang. Geht doch einmal etwas schief, können Sie immer noch loslassen und die Situation akzeptieren (wenn sie sich nicht beeinflussen lässt) oder etwas an ihr ändern. Vielleicht sollte es eben gerade (noch) nicht sein. Oder aber es wäre gut, einen anderen Kurs einzuschlagen.
- **Akzeptieren Sie auch Ihre Schwächen.** Unsere Unterschiede und Fehlbarkeiten zu feiern, lindert den Druck des sozialen Vergleichens und ermöglicht es uns, so zu sein, wie wir sind, ohne eine Fassade aufrechterhalten zu müssen. Diese Selbstakzeptanz können wir dann ausgleichen, indem wir uns auf unsere ganz eigenen Stärken besinnen und sie in Ehren halten.

- **Vergessen Sie nicht, dass *alles* zählt.** Solange wir aus ihnen lernen, haben auch Niederlagen und Fehler ihren Sinn. Mehr noch: Unbehagen kann sogar der bessere Lehrer sein, weil wir viel mehr lernen, wenn etwas schiefgeht. Würde alles wie am Schnürchen laufen, kämen wir nie von der Stelle. Und das Wissen, dass alles zählt, macht das Misslingen sogar noch bedeutsamer. Weil es uns auch hilft, unangenehme Momente und Situationen zu akzeptieren.
- **Bemerken und akzeptieren oder handeln Sie.** Was Sie tun sollten, wenn Sie den Kopf verlieren und anfangen zu widerstehen?

1. Finden Sie heraus, ob Sie die Situation, die Ihren Widerstand hervorruft, steuern können oder nicht.
2. Wenn ja, tun Sie etwas. Andernfalls schicken Sie sich drein. Dieser Entscheidungsprozess erleichtert Ihnen das Leben.
3. Haben Sie die Situation nicht im Griff, überlegen Sie, ob Sie irgendetwas aus ihr lernen können, was es Ihnen in einer ähnlichen Lage künftig ermöglicht, die Ruhe zu bewahren. Dass es bei Ihrer Hochzeit regnet, können Sie zum Beispiel nicht verhindern. Aber Sie können üben, auch die guten Seiten daran zu sehen (und beobachten, wie Ihre Gäste unter den Schirmen oder der Überdachung

eng zusammenrücken). Die Launen Ihres Nachwuchses können Sie ebenfalls nicht beeinflussen. Sehr wohl jedoch Ihre Reaktion darauf – ob Sie beschließen, wegzugehen und später das Gespräch zu suchen, wenn sich Ihr Kind beruhigt hat; vorschlagen, dass Sie beide erst einmal ein Glas Wasser trinken, um runterzukommen, oder etwas Schönes kochen, verbunden mit einem »Wollen wir noch mal von vorn anfangen?« – Zettel zum Beweis Ihrer Liebe, wie auch immer er aufgenommen wird? (Und Sie können es sich vergeben, wenn Sie einmal nicht so verständnisvoll reagieren.)

B wie Balance

Mehr Leichtigkeit im Alltag heißt auch, auf einen Ausgleich der Lebensbereiche zu achten, damit keiner davon zu kurz kommt.

- **Legen Sie bei der Wochenplanung drei Aufgaben fest, die Sie in der Zeit abschließen wollen.** Wer Prioritäten setzt, kommt besser damit klar, wenn am Abend nicht die gesamte To-do-Liste abgearbeitet wurde. Morgen ist auch noch ein Tag, und selbst kleine Schritte bedeuten Fortschritt.
- **Packen Sie Ihren Terminplan nicht zu voll.** Denn nur dann sind Sie flexibel genug, um auf alle Eventualitäten reagieren zu können.
- **Erkennen Sie Ihre großen Steine.** Betrachten Sie Ihr Leben als eine Art Einmachglas, in das Sie große Steine, kleinere Kiesel und Sand hineingeben können. Die großen Steine sind die bedeutendsten, weil sie Ihre Seele nähren (Familie, Sport, Alleinsein, Freundschaften, Kreativität). Auch die Kieselsteine (Arbeit, Zahlungsverpflichtungen) haben noch einen erheblichen Stellenwert, die Sandkörner dagegen sind weniger wichtig (Bügeln, Fernsehen). Füllen Sie Ihr Glas mit lauter Sand oder Kieselsteinen, bleibt kein Platz für die Dinge, die Ihnen am meisten am Herzen liegen. Benennen Sie also Ihre großen Steine, damit Sie Arbeit, Freizeit, Familie, Hobbys und Gesundheit

in ein gesundes Gleichgewicht bringen können. Ziel ist es, Raum für die Aktivitäten zu schaffen, die Ihrer Seele guttun, was Ihnen auch genug Energie zum Abarbeiten Ihrer To-do-Liste gibt.

M wie Mitgefühl

Es geht um jeden und jede von uns, also gestehen Sie sich und Ihrem Umfeld zu, dass wir alle nur Menschen sind.

- **Achten Sie eher darauf, was Sie geschafft haben, als darauf, was schiefgeht.** Tarieren Sie die Anerkennung Ihrer eigenen Leistungen und das Bemühen, aus Fehlern zu lernen, aus. Denn der Versuch, makellos zu sein, muss scheitern und das Streben nach Höchstleistungen ermüdet. Haben Sie also Nachsicht mit sich und loben sich für alles, was Sie erreichen.
- **Gehen Sie sanft mit sich um.** Lernen Sie, sich selbst der beste Freund zu sein und nicht der schlimmste Feind. Fragen Sie sich, was Sie jetzt brauchen, so wie Sie es auch Ihren Lieben gegenüber tun würden, wenn es ihnen schlecht geht. Brauchen Sie Trost? Vergebung? Ermutigung? Einen schönen langen Spaziergang?
- **Suchen Sie ein Babyfoto von sich heraus und eines, auf dem Sie etwa zehn Jahre alt sind.** Wenn Ihr innerer Kritiker demnächst wieder zuschlägt, stellen Sie sich vor, er spräche mit dem Baby oder dem Kind. Auch das sind Sie. Ihr inneres Kind bleibt Ihnen erhalten. Also seien Sie nett zu sich. Lassen Sie sich von den Fotos daran erinnern, nicht harsch und barsch mit sich zu sprechen, sondern anerkennend, ermutigend.

- **Legen Sie sich eine Hand aufs Herz und sagen Sie: »Alles ist gut.«** Damit aktivieren Sie die wichtigsten physiologischen Auslöser von Mitgefühl: sanfte Berührung, Wärme und beruhigende Ansprache. Während Sie so Ihre innere Selbstfürsorge aktivieren, bringen Sie sich auch körperlich zur Ruhe.
- **Erinnern Sie sich daran, dass wir alle Fehler machen.** Wie wir mit Niederlagen umgehen und wie oft wir Mitgefühl zeigen, wird entscheidend von unserer Sicht auf uns selbst und die Menschheit geprägt. Wer bloße Selbst*achtung* hat, fühlt sich nur bei Erfolgen gut; Selbst*mitgefühl* dagegen kommt auch im Falle eines Scheiterns zum Tragen.

Betrachten wir unser Leben durch die Linse von Akzeptanz, Balance und Mitgefühl – uns selbst und anderen gegenüber –, kommen wir mit all seinen Hochs und Tiefs besser klar. Und das sorgt für Leichtigkeit.

2. Leichtigkeit: Gedanken und Gefühle

Wie ruhig wir sind, hängt von unserem Denken, Fühlen und Tun ab. Positive Gedanken und Emotionen tragen entscheidend zur Entwicklung von Leichtigkeit bei. Je mehr wir werten, uns sorgen und beklagen, desto weniger unbeschwert sind wir – und umgekehrt: Je mehr Weitblick, Dankbarkeit und Lebensfreude wir aufbringen, desto ruhiger werden wir.

Was unseren Geist erfüllt, bestimmt, ob wir gelassen sind oder uns überfordert fühlen.

Der Verstand wird oft von irrationalen Reaktionen gekapert, die uns alles andere als guttun. Und oft erkennen wir erst im Nachhinein, dass wir uns gar nicht so hätten sorgen müssen.

Das Problem ist nur: Wir neigen von Natur aus dazu, uns zu ängstigen.

»In meinem Leben habe ich unvorstellbar viele Katastrophen erlitten. Die meisten davon sind nie eingetreten.«

MARK TWAIN

Als wir noch in Höhlen lebten, von der Sonne geweckt wurden und uns überwiegend im Freien aufhielten, ließen wir uns von unserer Intuition leiten. Die Neigung, erst Angst zu empfinden und dann Fragen zu stellen, war damals sehr nützlich. Die Angst alarmierte und schützte uns vor den lebensgefährlichen Bedrohungen, die überall lauerten. Solche Gefahren gibt es heute kaum mehr, die Neigung zur Furcht aber ist geblieben.

Sie ist nach wie vor Bestandteil unserer Biologie, obwohl der Säbelzahntiger längst ausgestorben ist. Überdies wissen wir heute, dass Befürchtungen keine Leistungssteigerung bewirken und das Problem, um das sie sich drehen, nicht lösen. Sie tragen also nur dazu bei, das Leben unerfreulicher zu gestalten.

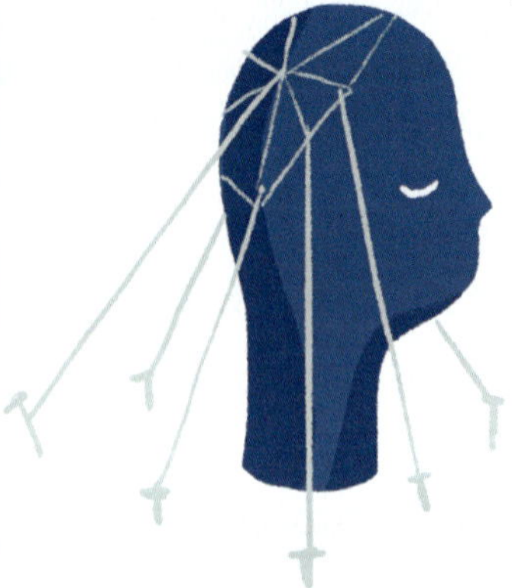

Zum Glück aber können wir uns selbst zur Ruhe bringen und dabei zugleich unsere Fähigkeit zur Lösung von Problemen verbessern.

Sorgen anpacken

Uns kümmert, was andere über uns denken könnten – dabei sorgen *die* sich doch nur darum, was wir wohl von *ihnen* denken. Wir machen uns Sorgen, dass sich unsere Pläne zerschlagen könnten und alles in die Binsen geht – dabei steht dieser Druck, den wir uns machen, unserem Erfolg nur im Wege. Denn traurig, aber wahr: Je mehr wir uns sorgen, desto weniger sind wir in der Lage, die Probleme zu lösen, mit denen wir uns so belasten.

Mit heiterer Gelassenheit sind wir eher in der Lage, die Widrigkeiten des Lebens zu bewältigen als in hektischer Unruhe. Stress und Nervosität machen logisches, rationales Denken unmöglich. Die Amygdala im Hirn gerät in Alarmbereitschaft und lässt keinen logischen Gedanken zu, sondern aktiviert stattdessen die Kampf-oder-Flucht-Reaktion.

Logisches Denken kann sich in stressigen Situationen nur durchsetzen, wenn wir zur Ruhe kommen.

Klar denken

Unbefangene Leichtigkeit erweitert den Blickwinkel, fördert die Klarsicht, verbessert unsere Denkprozesse und hilft, Entscheidungen nach logischen Kriterien zu treffen statt emotional. Um aufgeschlossener und leistungsfähiger zu werden, sind wir also gut beraten, zur Ruhe zu kommen.

Machen wir uns über Eventualitäten Gedanken, überschätzen wir zumeist die möglichen Bedrohungen und spielen zugleich unsere Leistungsfähigkeit herunter.

In Wirklichkeit realisieren sich unsere Befürchtungen oft gar nicht, oder wenn, dann kommen wir viel besser als erwartet damit klar. Viel zu selten nur feiern wir unsere Anpassungsfähigkeit. Derweil klauen uns die Sorgen weiterhin die Lebensfreude.

Wie also können wir auch angesichts von Ängsten und Hektik ruhig bleiben und die Kontrolle über unser Denken behalten?

- **Lenken Sie sich ab**. Zählen Sie Wolken, führen Sie sich möglichst viele Tierarten vor Augen oder machen Sie einen vergleichbaren Denksport, um auf andere Gedanken zu kommen.
- **Verschaffen Sie sich einen Überblick**. Stellen Sie sich in Bezug auf das Problem, das Sie beschäftigt, den schlimmsten, besten und wahrscheinlichsten Ausgang vor. Zu wie viel Prozent werden sie wohl je eintreten? Erstellen Sie einen Aktionsplan, mit dessen Hilfe Sie den wahrscheinlichsten Ausgang erreichen. Angenommen, Sie wurden entlassen.

1. *Schlimmstenfalls* finden Sie keinen neuen Job, werden obdachlos und sind pleite (2 Prozent).
2. *Bestenfalls* gründen Sie eine eigene Firma und werden Millionär (2 Prozent).
3. *Am wahrscheinlichsten* ist, dass Sie schnell eine andere (sogar bessere) Stelle finden oder sich selbstständig machen und bald mehr verdienen als je zuvor (96 Prozent).

- **Führen Sie sich all die Gelegenheiten vor Augen, bei denen Sie sich besser als erwartet geschlagen haben.** Daran zu denken, was Sie schon alles durchgemacht, welche Schwierigkeiten Sie geprägt und was Sie aus ihnen gelernt haben oder wie Sie zu der Person wurden, die Sie heute sind, erinnert Sie auch daran, dass Sie alles überstehen können.
- **Nicht vergessen: Man lernt mehr, wenn etwas schiefgeht, als wenn alles glattläuft.** Er stimmt schon, der Spruch: Was uns nicht umbringt, macht uns nur stärker.

- **Notieren Sie sich kurz alles, was Ihnen heute Sorgen bereitet hat.** Ob es auch in einem Jahr noch von Bedeutung ist?
- **Planen Sie »Sorgen-Zeit« ein.** Reservieren Sie täglich etwas Zeit, um sich in Ruhe Ihren Sorgen zu zuwenden. Suchen Sie Lösungen, erstellen Sie einen Handlungsplan oder verschieben Sie die Beschäftigung mit dem Problem auf morgen.
- **Machen Sie sich klar, dass Ungewissheit auch Möglichkeiten birgt.** Und vergessen Sie nicht: Der Versuch, Ungewissheiten zu vermeiden, kann nur in die Irre gehen, weil ja niemand die Zukunft kennt.
- **Seien Sie ganz Sie selbst.** Verschwenden Sie keine Zeit darauf, sich Gedanken darüber zu machen, was andere wohl von Ihnen denken. Die nämlich kümmern sich gar nicht um Sie.
- **Tun Sie, was Ihnen Angst macht.** Paralyse durch Analyse und allzu viele furchtbasierte Grübeleien führen zu gar nichts. Aktiv zu werden hilft gegen Unentschlossenheit.

- **Nähern Sie sich Ihren Zielen Schritt für Schritt an.** Den kontrollsüchtigen Geist drängt es so schnell voran, dass er sich schier überschlägt. Besser, Sie gehen schrittweise vor und erledigen eins nach dem anderen.
- **Vertrauen Sie auf Ihr Unbewusstes.** Es ist aufs Finden von Lösungen spezialisiert. Lassen Sie ihm also freien Lauf.
- **Erhoffen Sie sich keine bestimmten Resultate.** Der Verzicht auf zielgerichtete, emotionsgeladene Erwartungen reduziert Spannungen.
- **Setzen Sie sich keine zeitlichen Beschränkungen.** Der Drang, Dinge unbedingt binnen einer bestimmten Frist erledigen zu wollen, erzeugt nur unnötigen Druck. Dabei kommt man gut auch ohne selbst gesetzte Termine ans Ziel.
- **Freuen Sie sich über Veränderungen.** Denn egal, was Sie über den Wandel denken, er tritt mit Sicherheit ein. Weil er unvermeidbar ist. Bleiben Sie also am besten ganz gelassen.
- **Deuten Sie Ihre Nervosität um.** Die Schmetterlinge im Bauch, die mit ihr einhergehen, ähneln sehr denen, die uns auch bei freudiger Aufregung heimsuchen. Sagen Sie sich also: »Wie aufregend! Was für ein Abenteuer!« So verwandeln Sie Ihre Nervosität in etwas Positives.

- **Fokussieren Sie sich auf »das, was ist«, statt auf das »Was wäre, wenn ...«.** Reue über Vergangenes steht den Freuden des Hier und Jetzt genauso entgegen wie Angst vor dem, was kommen mag. Was war, können Sie nicht verändern, und was die Zukunft bringt, weiß niemand. Steuern können Sie nur den gegenwärtigen Moment und Ihre Reaktionen.

Die Pflanzen, die wir gießen

Stellen Sie sich Ihren Geist als einen Garten vor und entscheiden Sie: Was möchten Sie wässern, die Blumen oder das Unkraut?

Gepflegte Dankbarkeit wässert die Blumen, regelmäßiges Beschweren das Unkraut. Wir können wählen: Wollen wir uns von Segnungen beglücken oder von Belastungen niederdrücken lassen? Schließlich sind wir es, die die Gießkanne in der Hand halten.

Gedanken der Dankbarkeit ziehen Gefühle der Dankbarkeit nach sich. Positives Denken und die daraus resultierenden Emotionen tun dem Nervensystem gut, das uns daraufhin zu innerer Ruhe und Zufriedenheit verhilft. Vielleicht gilt deshalb Dankbarkeit auch als »natürliches Antidepressivum«.

Konzentrieren wir uns auf Dinge, die uns fehlen, bekommen wir nie genug. Doch sobald wir uns auf alles besinnen, was wir besitzen, wird uns klar, dass wir reichlich haben und gut genug sind – und dann werden wir noch dankbarer und heiterer.

Auf diese Weise verhilft uns die Dankbarkeit zum Ausstieg aus dem ewigen Streben nach der nächsten Errungenschaft. Und der Abschied vom »Glücklich werde ich, sobald …« ermöglicht uns die Freude an allem, was wir bereits haben. Er reduziert den Stress und lässt uns den Moment auskosten.

Die Wissenschaft vom menschlichen Denken

Neurowissenschaftlichen Erkenntnissen zufolge regt bewusste Dankbarkeit die Ausschüttung der positiv wirkenden Substanzen Oxytocin und Dopamin an und trägt durch die Bildung neuer Nervenverbindungen (Gedankenmuster) zur Neuformung des Gehirns bei. Das heißt, sie trainiert das Hirn darauf, selbst in tiefster Dunkelheit noch einen Hoffnungsschimmer wahrzunehmen.

Die Wissenschaft von den menschlichen Gefühlen

Nach Auffassung von Vertretern der Positiven Psychologie stellen Äußerungen der Dankbarkeit Einzahlungen auf das »Positivitätskonto« dar, von dem wir in schwereren Zeiten etwas abheben können, um widerstandsfähiger zu werden.

Dankbarkeit praktizieren und genießen

Positive Gedanken und Gefühle tragen erheblich zu gelassener Leichtigkeit bei. Deshalb hier eine Schritt-für-Schritt-Anleitung für Ihre Dankbarkeitspraxis:

1. **Finden Sie Gutes und beschäftigen Sie sich damit.** Besinnen Sie sich bewusst auf alles, was gut ist in Ihrem Leben, am heutigen Tag, in diesem Moment. Konzentrieren Sie sich regelmäßig auf alles, wofür Sie dankbar sein können.
2. **Spüren Sie, wie sich Dankbarkeit anfühlt.** Legen Sie die rechte Hand auf Ihr Herz und schließen Sie die Augen.
3. **Genießen Sie das Gefühl der Dankbarkeit.** Versuchen Sie, fünf bis zehn Sekunden lang zu spüren, wie das Empfinden der Dankbarkeit Sie durchdringt.
4. **Dokumentieren Sie Ihre Dankbarkeit.** Fotografieren Sie, um Bilder von schönen Momenten für Ihr Album oder Scrapbook zu haben. Halten Sie Ihre Dankbarkeit auch schriftlich fest, vielleicht in Ihrem Tagebuch. Bedanken Sie sich bei jemandem, schreiben Sie einen Dankesbrief, den Sie dem Empfänger persönlich zustellen und vorlesen. So erleben Sie Ihre Dankbarkeit gleich doppelt – einmal, während Sie sie zum Ausdruck bringen, und noch einmal, wenn Sie

Ihr Fotoalbum, Tagebuch oder eine Kopie des Dankesbriefs betrachten.

5. **Verstärken Sie Ihre Dankbarkeit**, indem Sie Gutes erwarten, es, sobald es eintrifft, genießen und sich im Nachgang daran erinnern. Zum Beispiel so:
   - **Erwarten**: Planen Sie bewusst Genussmomente ein, auf die Sie sich freuen können – etwa einen Kurzurlaub, ein Campingwochenende, eine TV-Serie.
   - **Genießen**: Sagen Sie immer, wenn Sie einen Moment besonders genießen wollen, laut: »Das Leben ist schön.« So fordern Sie sich und andere auf, den Augenblick voll auszukosten.
   - **Erinnern**: Schauen Sie sich Foto- und andere Alben an, um sich auf alles zu besinnen, wofür Sie dankbar sein können.

Legen Sie ein Blumenbeet an

Wenn *Dankbarkeit* heißt, die Blumen wahrzunehmen, zu schätzen und ihnen Wasser zu geben, geht es beim *Genießen* darum, innezuhalten und an den Rosen zu riechen, das Leben in Gänze auszukosten. Hier ein paar Möglichkeiten, dankbar zu sein, zu genießen und kein Unkraut heranzuzüchten, sondern Blumen.

- **Ersetzen Sie »ich muss« durch »ich kann«.** Statt aufzuzählen, was Sie alles tun *müssen*, machen Sie sich bewusst, wie viel Tolles Sie tun *können*. Anstelle von »Ich muss gleich den Jungen von der Schule abholen, dabei habe ich so viel zu tun« denken Sie also lieber: »Gleich darf ich meinen Sohn abholen. Das ist nicht allen Eltern möglich. Ich hab echt Glück!«
- **Finden Sie an jedem Moment etwas Gutes**. Das geht vom morgendlichen Kaffeeduft über den köstlichen Geschmack des Mittagessens, das Sie gekocht haben, und den Sonnenschein auf Ihrer Haut bis hin zum spektakulären Farbspiel der Abenddämmerung.
- **Erstellen Sie eine »Genuss«-Liste**. Sprechen Sie über die Dinge, die Ihnen ein gutes Gefühl geben – Ihre Lieblingsdüfte, inspirierende Anblicke, Musik, die Sie mögen. Erstellen Sie eine Liste und nehmen Sie sich fest vor, sich keinen sinnlichen Genuss entgehen zu lassen, zum Beispiel nicht:
  - den Duft von Tannen, Rosenbüschen, frischem Brot
  - frische Bettwäsche, einen kühlen Drink, eine heiße Dusche
  - den Geschmack von Schokolade, Honig oder Zitronenlimo.

- **Erinnern Sie sich an Ihre Dankbarkeit**. Indem Sie eine Haftnotiz mit den Worten »Ich bin so dankbar für …« am Badezimmerspiegel oder neben Ihrem Bett anbringen.
- **Bedanken Sie sich bei Tisch**. Sagen Sie jeder und jedem ein paar Worte, um zum Ausdruck zu bringen, wofür Sie an diesem Tag dankbar sind. Bei jedem Abendessen.
- **Legen Sie ein Scrapbook an**. Kleben Sie Erinnerungsstücke an besondere Momente hinein, an denen Sie sich erfreuen können.
- **Führen Sie sich beim Einschlafen alles vor Augen, wofür Sie dankbar sind**. So gelangen Sie in einen ruhigen, entspannten Zustand, der Sie sanft in den Schlaf entlässt.
- **Feiern Sie Ihre Erfolge**. Schreiben Sie am Ende jeder Woche oder jedes Monats – Ihrer To-do-Liste ähnlich – eine »Ta da!«-Liste mit all den Dingen, die Ihnen gelungen sind und die Sie geschafft haben.

- **Ein Spaziergang in Dankbarkeit**. Achten Sie beim Gehen bewusst darauf, was Sie sehen, hören, riechen, berühren, und machen Sie sich klar, warum Sie so dankbar für diesen Moment sind. Vielleicht ist der Kieferndurft so erfrischend, wirkt die Borke unter Ihren Fingern besonders erdend, oder Sie sind dankbar dafür, dass Sie sich mitten an einem Montag diesen Waldspaziergang gönnen können, weil Sie sich ein Leben erschaffen haben, das Ihnen diese Freiheit ermöglicht.

Sie haben die Wahl

Innere Ruhe entsteht nicht, weil es gerade weder Chaos noch Sorgen gibt, sondern sie ist die Reaktion auf unsere Gefühle. Wir können nämlich wählen, ob wir sie ausleben oder gelassen bleiben.

Gefühle ausleben

Wenn wir uns auf unsere Gefühle einlassen, werden wir leichter, freier und ruhiger. Hier ein paar Tipps dazu:

- **Lassen Sie sich auf Ihre Gefühle ein.** Sie zeigen, was Ihnen wichtig ist, und deuten auf mögliche Veränderungen in Richtung auf ein ruhigeres Leben hin. So können Sie sie als Wegweiser nutzen.
- **Lassen Sie Ihre Gefühle raus.** Tun Sie nicht so, als wäre nichts. Spüren Sie Ihre Gefühle, leben Sie sie aus. Sie zu unterdrücken geht nicht lange gut, dann platzen wir oder erkranken sogar ernsthaft (entwickeln zum Beispiel einen Reizdarm oder andere stressbedingte Beschwerden). Unterdrückte Gefühle brechen sich unweigerlich irgendwann Bahn. Und stören die innere Ruhe dann nachhaltig.

- **Benennen Sie Ihre Gefühle**. Studien zeigen, dass das Bestimmen und Bennen einer Emotion den präfrontalen Cortex im Gehirn aktiviert und das Gefühl abschwächt. Einfach dadurch, dass wir uns sagen: »Ich bin sauer« oder »Ich bin traurig«, verringern wir die Intensität des Gefühls.

Gleichmut

Selbst in der stürmischsten See, wenn wir es mit großer Besorgnis, mit Unruhe, Zorn und Ungeduld zu tun haben, können wir die Gelassenheit wiederfinden. Gleichmut ist weniger Reaktion als vielmehr Antwort. Es ist ein Anker. Hier ein paar Tipps dazu:

- **Besinnen Sie sich auf das Mantra »Auch das geht vorbei«,** um sich daran zu erinnern, dass das Leben seine Hochs und Tiefs hat und nie gleich bleibt. Auch Schmerz und Probleme vergehen.
- **Verankern und stärken Sie sich**. Spüren Sie, dass Sie mit dem Boden verbunden sind. Stellen Sie sich gerade hin und atmen Sie tief durch. Beim Ausatmen denken Sie »Ich bin so weit«, während Sie die Hände in die Hüften stützen und sie anschließend zur Seite oder über Ihren Kopf führen. Diese raumgreifende Haltung (auch »Postural Feedback« genannt) ist als Machtpose (»High Power Pose«) bekannt und signalisiert dem Gehirn, dass Sie die Situation im Griff haben.

3. Die Pause

Zwischen einzelnen Gedanken, Gefühlen und Handlungen, zwischen einer Situation und unserer Reaktion darauf ist sie: die Pause. Das Zuhause der Leichtigkeit.

Innezuhalten gibt uns die Chance, auf das sanfte innere Wissen einzugehen, das wir alle haben, auch wenn wir nur selten lange genug pausieren, um darauf zu hören. Denn die Stille des Innehaltens ist keineswegs leer, sie ist voller Antworten.

Ruhe zu bewahren, wenn uns etwas frustriert, enttäuscht oder unseren Zorn erregt, ist nicht immer leicht. Denn innezuhalten, *bevor* wir reagieren, wurde uns nicht in die Wiege gelegt. Tun wir es jedoch, sind wir in der Lage, bedachter vorzugehen. Und je öfter uns dies gelingt, desto mehr Leichtigkeit bringen wir in unser Leben.

»Es gibt da eine Stimme,
die ohne Worte auskommt.
Hörst du sie?«

RUMI

Vereitelt wird das Innehalten von unserer Geschäftigkeit. Wir haben Tag für Tag viel, viel mehr zu tun, als uns Stunden zur Verfügung stehen. Doch das bietet im Grunde die beste Gelegenheit, einmal gar nichts zu tun. Einfach den Pausenknopf zu drücken und in der Gegenwart anzukommen.

Das mag kontraintuitiv sein, erweist sich aber als ausgesprochen wohltuend. Weil es hilft, besser zu denken, zu reagieren und klügere Entscheidungen zu treffen. Mit dem Ergebnis, dass wir auch unsere To-do-Liste viel leichter abarbeiten können.

Feiern Sie das Dazwischen

Wie oft haben wir uns nicht schon gewünscht, wir hätten vor einer Reaktion noch einmal kurz innegehalten! Doch in dem Moment konnten wir, scheint's, gar nicht schnell genug mit einer Antwort herausplatzen. Aber wie lässt sich das ändern?

- **Üben Sie das Innehalten, solange Sie nicht im Kampf-oder-Flucht-Modus sind.** Zum Beispiel jedes Mal, wenn Sie eine Schwelle übertreten, von einem Raum in einen anderen gehen oder bevor Sie mit einer neuen Tätigkeit anfangen. Machen Sie sich den Übergang bewusst, die Lücke.
- **Halten Sie inne, um sich an alles zu erinnern, was Sie am Tag Gutes getan haben.** Vielleicht nur, dass Sie die Kinder zur Schule gebracht, sich etwas zu essen gemacht oder endlich diese E-Mail beantwortet haben, die schon längst fällig war.
- **Innehalten, hochschauen und atmen.** Versuchen Sie, wenn Sie nicht gerade am Steuer sitzen, so oft wie möglich eine Minipause einzulegen, den Kopf in den Nacken zu legen, nach oben zu schauen und tief ein- und auszuatmen. Diese von Tanis Frame (der Begründerin der Organisation »Decide to Thrive«) entwickelte Übung öffnet den Brustkorb und leitet innerhalb von Sekunden die Entspannungsreaktion ein – ein perfektes Gegenmittel gegen Hektik jeder Art.

Die Kunst der Achtsamkeit und Meditation

Ein geschäftiges Leben steckt voller Ablenkungen. Standardmäßig sind wir entweder auf Autopilot oder switchen gedanklich ständig zwischen auf Vergangenes bezogener Reue und Zukunftsängsten hin und her. Diese Ruhelosigkeit raubt uns jedoch die Freude an der Gegenwart – an allem, was genau hier und gerade jetzt geschieht.

Die bewusste Wahrnehmung des »Hier und Jetzt« ist allgemein als Achtsamkeit bekannt. Die Kunst des Kultivierens von innerer Ruhe und intensiver Wahrnehmung des gegebenen Moments wirkt wertendem, nervösem Denken entgegen. Mit Abschalten hat Achtsamkeit nicht das Geringste zu tun, im Gegenteil: eher mit *Einschalten*. Mit dynamischer Selbst- und Außenwahrnehmung.

Zahlreiche Studien belegen, dass dieses Gewahrsein das Gehirn zum Besseren verändert, indem es uns hilft, den Überblick zu gewinnen, ruhiger zu werden und uns besser zu konzentrieren. Wer achtsam ist, trifft keine vorschnellen Urteile mehr, sondern gut durchdachte Entscheidungen.

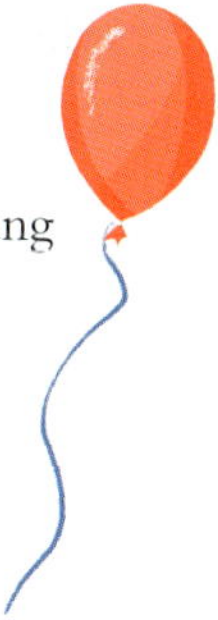

Auch verhelfen diese verbesserte Eigenwahrnehmung und tiefere Selbstverbundenheit zu besonneneren Reaktionen und kreativerem Denken.

Achtsamkeit beinhaltet zweierlei:

- Fokussieren der Aufmerksamkeit.
- Bemerken, wenn die Aufmerksamkeit abschweift, und sie sanft zurückführen.

Sobald wir anfangen, uns in Achtsamkeit zu üben, springt der Geist ganz natürlich von Hölzchen auf Stöckchen. Deshalb lenken wir die Aufmerksamkeit wieder und wieder zurück.

Dies gelingt mit zunehmender Übung immer besser. Es ist so, als wollten Sie einen Heliumballon dazu bringen, senkrecht über Ihrem Kopf zu schweben. Zunächst wird er viele »Ausbruchsversuche« unternehmen, aber das spielt keine Rolle. Wichtig ist nur, ihn immer wieder in die gewünschte Position zurückzuführen. Das ist Achtsamkeit, und die braucht Übung.

Schulen können wir unsere Achtsamkeit, indem wir uns auf die Atmung, unsere Sinneswahrnehmungen, auf die Umgebung oder unser Erleben fokussieren.

Achtsames Atmen

Wenn wir unsere Aufmerksamkeit in der Atmung verankern, reduziert das Nervensystem die Produktion von Adrenalin und Cortisol, fährt einen Gang runter, verlässt den Alarmmodus und kommt etwas zur Ruhe.

Beim achtsamen Atmen lenken Sie Ihre Aufmerksamkeit auf das sanfte Ein und Aus der Atemluft. Es handelt sich hier um eine von zahlreichen Formen der Meditation. Sie können im Sitzen, Stehen oder Liegen üben, mit Kissen oder ohne, mit offenen oder geschlossenen Augen. Sie können Ihre Atemzüge zählen oder die Atembewegungen auch nur bewusst wahrnehmen.

Je mehr Sie üben, desto leichter fällt es Ihnen. Dann sind Sie auch öfter in der Lage, innezuhalten und sich auf Ihren Atem zu fokussieren, sobald Sie das Bedürfnis bekommen, sich zu beruhigen und wieder zu sich zu kommen.

1. **Machen Sie es sich bequem.** Nehmen Sie mit geradem Rücken auf einem Kissen oder Stuhl Platz oder legen Sie sich hin. Ihre Hände dürfen Sie ablegen, wo immer es Ihnen am bequemsten ist. Entspannen Sie sich. Nehmen Sie Ihr Gewicht auf der Unterlage wahr. Spannen Sie bei Verspan-

nungen die entsprechende Muskelpartie kurz an und lassen Sie sie wieder los.

2. **Atmen Sie tief durch die Nase ein.** Wenn Sie mögen, zählen Sie Ihre Atemzüge. Nach einigen Sekunden atmen Sie durch den Mund aus, gegebenenfalls zählen Sie nun weiter. Lassen Sie sich auf Ihre Atmung ein – ändern müssen Sie nicht das Geringste an ihr. Atmen Sie einfach ganz natürlich: ein … und aus …

3. **Fokussieren Sie sich**. Achten Sie bewusst darauf, wie sich die Atemluft in Ihrem Körper anfühlt. Spüren Sie sie in den Nasenlöchern? In Kehle oder Brustkorb? Im Bauchraum? Folgen Sie der Empfindung. Registrieren Sie den Moment, in dem ein Atemzug endet und der nächste beginnt. Wie fühlt es sich an?
4. **Registrieren Sie, was geschieht.** Sobald Sie von Gedanken oder Empfindungen abgelenkt werden, geht Ihr Geist auf Wanderschaft. Das ist total normal. Registrieren Sie es einfach wertfrei und sagen Sie sich »Denken«. Achten Sie auch auf jedes Urteil, das Sie treffen. Nehmen Sie es wahr und lassen Sie es nebst eventuellen Begleitempfindungen weiterziehen.
5. **Und zurück!** Sobald Ihre Aufmerksamkeit abschweift, lenken Sie sie auf die Atmung zurück. Immer wieder. So entwickelt sich die Achtsamkeit allmählich: indem Sie Ihr Gewahrsein stets wieder in die Gegenwart, auf den Atem, zurückführen. Je öfter Ihnen dies gelingt und je schneller Sie immer wieder bei Ihrem Atem sind, desto mehr wird es Ihnen zur zweiten Natur. Dann können Sie auch präsent bleiben, wenn starke Ablenkungen auftreten.
6. **Bleiben Sie einige Minuten bei dieser Übung:** Sie konzentrieren sich auf Ihren Atem, registrieren

es, wenn Sie abschweifen, und lenken die Aufmerksamkeit auf die Atmung zurück. Nehmen Sie dann Ihren Körper bewusst wahr. Nehmen Sie wahr, wie sich Entspannung anfühlt, und spüren Sie die Dankbarkeit dafür, dass Sie sich im achtsamen Atmen üben können.

Beim Innehalten geht es darum, das Leben bewusst wahrzunehmen, während es stattfindet, und zwischen einzelnen Momenten Raum zu schaffen. Achtsamkeit heißt, dem Atem zu folgen und zu sich zu kommen, präsenter zu werden. Beides sind Techniken, um bewusst im Augenblick zu leben und sich immer wieder eine Atempause zu gönnen.

Der Atem ist eines der besten Tools, die uns zur Verfügung stehen, um mehr Leichtigkeit in unser Leben zu bringen.

Den Atem bewusst wahrnehmen

Pro Tag atmen wir etwa 20 000 Mal ein und aus, allerdings auf Autopilot, ohne es zu bemerken. Verbinden wir uns jedoch mit unserer Atmung, versetzen wir uns in einen Zustand der Leichtigkeit, entspannen und befreien uns beim Ausatmen von unterdrückten Emotionen und Toxizität in jeder Form.

Versuchen Sie die folgenden Atemübungen für mehr Leichtigkeit:

- **Wechselatmung**. Bei dieser auch als *Nadi Shodhana* bekannten beruhigenden Technik atmet man abwechselnd durch beide Nasenlöcher. Legen Sie Zeige- und Mittelfinger Ihrer rechten Hand zwischen die Augenbrauen. Verschließen Sie Ihr rechtes Nasenloch mit dem Daumen. Atmen Sie durch Ihr linkes Nasenloch fünfmal ein und aus. Nehmen Sie dann den Daumen weg. Verschließen Sie anschließend Ihr linkes Nasenloch mit dem Ringfinger. Atmen Sie auch jetzt wieder fünfmal ein und aus.
- **Affirmationen beim Atmen**. Sagen Sie sich beim Einatmen: »Ich bin ganz ruhig«, beim Ausatmen: »Alles ist gut«.

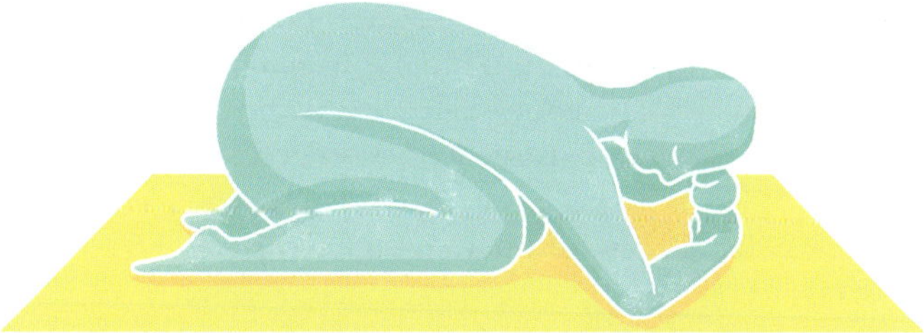

- **Balasana-Haltung**. Nehmen Sie im Fersensitz mit geschlossenen Knien und Füßen am Boden Platz. Beugen Sie den Oberkörper nach vorn und legen Sie den Kopf so ab, dass die Stirn auf Ihren übereinanderstehenden Fäusten ruht. Diese Yoga-Stellung beruhigt, dehnt Nacken- und Schultermuskulatur, während der Druck auf die Stirn den Geist besänftigt.
- **Beim Atmen zählen**. Atmen Sie durch die Nase ein, während Sie bis acht zählen. Halten Sie bis sieben zählend die Luft an. Anschließend atmen Sie auf acht mit gespitzten Lippen durch den Mund aus. Und von vorn. Diese alte Atemtechnik unterstützt das zentrale Nervensystem, versorgt das Blut mit Sauerstoff und presst das Kohlendioxid aus der Lunge.

- **Beim Atmen zählen, die Zweite**. Teilen Sie die Atembewegung gleichmäßig in Ein- und Ausatmen auf. Atmen Sie zum Beispiel auf vier ein, halten Sie den Atem auf vier an und atmen Sie auf vier wieder aus. Wiederholen. Sollten Sie einmal größeren Sauerstoffbedarf haben, können Sie auch doppelt so lange ein- wie ausatmen: einatmen auf acht, ausatmen auf vier. Oder einatmen auf sechs, ausatmen auf drei. Bei Angst können Sie den Prozess umkehren und halb so lang ein- wie ausatmen: einatmen auf vier, aus auf acht. Oder ein auf drei, ausatmen auf sechs.
- **Zwerchfellatmung**. Diese Form der Tiefenatmung intensiviert das Atmen enorm. Setzen oder legen Sie sich hin. Legen Sie eine Hand auf Ihren Bauch und stellen Sie sich vor, er enthalte einen Ballon, der sich bei jedem Einatmen ausdehnt und beim Ausatmen wieder schrumpft. Atmen Sie durch die Nase ein und spüren Sie den »Ballon« an Ihrer Hand. Atmen Sie durch geschürzte Lippen aus. Dabei spüren Sie, wie Ihre Bauchmuskeln absinken. Dann wiederholen Sie den Ablauf.
- **Erlernen Sie den »Transformational Breath«.** Diese von Dr. Judith Kravitz entwickelte ganzheitliche Atemtechnik wird als »verbunden, öffnend und bewusst« beschrieben. Erlernen kann man sie bei speziell dafür ausgebildeten Coachs.

- **Stellen Sie sich bildlich vor, alle negativen Gedanken loszulassen.** Atmen Sie ein, als würden Sie alle störenden Gedanken aufsaugen. Beim Ausatmen visualisieren Sie, wie Sie sie aus Ihrem Körper vertreiben. Malen Sie sich Sprechblasen mit Ihren Gedanken aus und pusten Sie alle Spannung und Sorgen weg. Sehen Sie vor sich, wie sie beim Ausatmen verschwinden. Anschließend atmen Sie frische, ruhige Energie ein. Spüren Sie, um wie vieles leichter Sie sich jetzt fühlen?

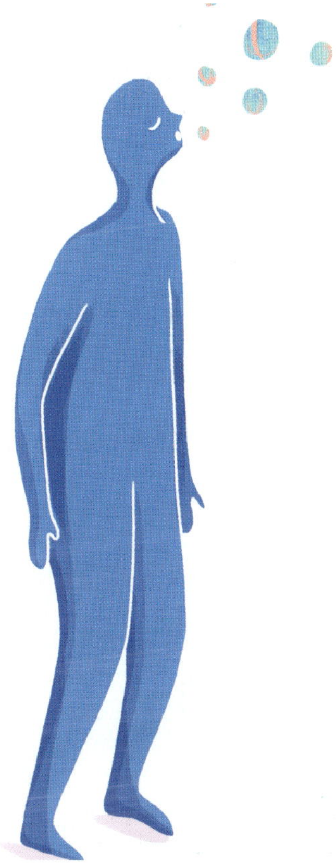

Bühne frei für unsere Sinne

Eine gute Achtsamkeitsstrategie stellt auch die Fokussierung auf das, was wir sehen, hören, spüren, riechen und schmecken, dar. Denn wenn wir uns auf unsere Sinneswahrnehmungen einlassen, halten wir wie von selbst inne und verbinden uns mit dem gegenwärtigen Augenblick.

- *Fünf* **Dinge, die Sie sehen.** Zum Beispiel die Wolken am Himmel, ihre Farbe, Form und Bewegung.
- *Vier* **Dinge, die Sie spüren.** Zum Beispiel Möbeloberflächen, die Struktur Ihrer Kleidung, die Temperatur des Getränks in Ihrer Hand … und was der Möglichkeiten mehr sind.

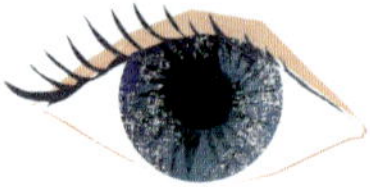

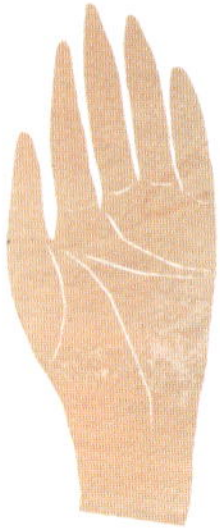

- *Drei* **Dinge, die Sie hören.** Beginnen Sie mit einem Geräusch in Ihrer unmittelbaren Umgebung, nehmen Sie dann eines wahr, das etwas weiter entfernt ist, und kehren Sie danach zu Lauten ganz in der Nähe zurück. Ist etwas Neues hinzugekommen? Lauschen Sie auch auf Ihre inneren Geräusche, wie Atem oder Puls.
- *Zwei* **Dinge, die Sie riechen.** Vielleicht sind sie nur schwer wahrnehmbar. Versuchen Sie trotzdem, sie zu beschreiben. Möglicherweise handelt es sich um eine Mischung von Gerüchen.
- *Eine* **Sache, die Sie schmecken können.** Beißen Sie ein Stückchen Schokolade oder Obst ab. Fragen Sie sich vor dem Kauen, wie es sich auf der Zunge anfühlt. Genießen Sie dann den Geschmack.

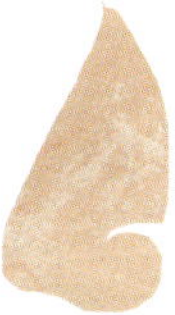

Die Umgebung und das Erleben bewusst wahrnehmen

Alles lässt sich mit Achtsamkeit verrichten. Dafür müssen Sie nur das Tempo reduzieren und aufmerksam sein. Achten Sie mal darauf, wie sich die Erfahrung intensiviert, wenn Sie sich auf Ihre Sinneswahrnehmungen und Ihr Tun fokussieren.

- **Achtsam gärtnern**. Werden Sie sich beim Gießen der Textur der Blütenblätter und des Geruchs des Bodens bewusst. Fokussieren Sie sich auf die Wassertropfen auf jedem einzelnen Blatt. Spüren Sie die Erde zwischen den Fingern und achten Sie, während Sie mit Bedacht atmen, auf Farbe und Beschaffenheit der Blüten. Nehmen Sie beim Graben, Pflanzen und Gießen immer wieder bewusst wahr, was Sie sehen, hören und riechen.
- **Achtsam Musik hören**. Stimmen Sie sich auf ein einzelnes Instrument ein, bevor Sie Ihre Aufmerksamkeit dem nächsten zuwenden und schließlich dem gesamten Ensemble bewusst lauschen. Lenken Sie Ihr Gewahrsein anschließend wieder auf die einzelnen Instrumente zurück.
- **Achtsam gehen**, auch »Meditation in Bewegung« genannt, bedeutet, die gesamte Aufmerksamkeit dem Prozess der langsamen Vorwärtsbewegung zu widmen. Fokussieren Sie sich auf Ihre Füße, achten Sie auf die

Beschaffenheit des Bodens – ist er hart oder weich? – und den Punkt, an dem Ihr Fuß auf den den Grund berührt. Achten Sie auf Ihre Schritte, Ihren Rhythmus und Ihre Arme – hängen sie locker am Körper herab oder führen Sie sie mit? Sobald Sie gedanklich abschweifen, richten Sie Ihre Aufmerksamkeit wieder auf Ihre Bewegungen zurück und darauf, wie flüssig sie sind. Achten Sie auf Ihre Umgebung und Ihr Empfinden. Atmen Sie langsam ein und aus. Sagen Sie gegebenenfalls Dinge wie »anheben« oder »ausschreiten«, um sich wieder auf Ihren Körper zu fokussieren.

Unabhängig von der Tätigkeit, auf die sie gerichtet wird, bezeichnet Achtsamkeit immer die Kunst, eine Lücke zwischen uns und unseren Reaktionen zu entstehen zu lassen. Es ist die Kunst, genügend Raum zu schaffen, in dem wir denken, atmen und dann auch antworten können. Sie ermöglicht es uns in jedem Moment, alles zu beobachten und in uns aufzunehmen, was um uns herum und in unserem Inneren geschieht, sodass wir die Kontrolle über unser Leben zurückgewinnen und Entscheidungen treffen, die uns heiter und gelassen stimmen.

4. Zur Ruhe kommen: 12 Ideen für aktives Wohlfühlen

Genau wie unser Denken und Fühlen kann auch unser Handeln, das, was wir tagtäglich tun, einen Beitrag zu unserer inneren Ruhe und Gelassenheit leisten.

Um ums zu entspannen und die Leichtigkeit zu bewahren, können wir uns mehr um uns kümmern, es uns schön machen und auf uns achten. Wir können uns ein Ambiente schaffen und Örtlichkeiten aufsuchen, die unsere Verbundenheit mit der Natur, mit anderen Menschen und nicht zuletzt mit uns selbst fördern.

Tun Sie Dinge, die Sie aufbauen, statt Sie zu betäuben, wie es etwa Alkohol, Fernsehen oder übermäßiger Social-Media-Konsum tun. Die folgenden zwölf Vorschläge werden Ihnen rundum guttun.

> »Vergiss nicht, der Eingang zum Heiligtum liegt direkt in dir selbst.«
>
> RUMI

1. Beruhigungsbalsam auftragen

Was tun Sie, wenn Sie sich fantastisch und total entspannt fühlen wollen?

Vielleicht fläzen Sie sich mit einem schönen Buch aufs Sofa, machen einen Waldspaziergang und genießen den herrlichen Kiefernduft oder setzen sich an einen See. Vielleicht gießen Sie auch Ihre Pflanzen? Alles, was Sie tun, um sich vom Druck der äußeren Anforderungen zu entlasten, ist Ihr ganz eigener »Beruhigungsbalsam«, den Sie nach Belieben auftragen können, wann immer Ihnen danach ist.

Notieren Sie sich diese Dinge und sorgen Sie dafür, dass in Ihrem Terminplan immer genügend Zeit dafür bleibt.

2. In den »Blue Mind« eintauchen

Wasser beruhigt die Nerven und verleiht uns ein Gefühl der Verbundenheit mit etwas Größerem. Der Aufenthalt am Wasser versetzt uns in einen leicht meditativen Zustand, den Wissenschaftler als »Blue Mind« bezeichnen. Hier einige Ideen, wie Sie die beruhigende Wirkung von Wasser nutzen können.

- **Beobachten** Sie die Wellen im Meer, das sanfte Dahinfließen eines Flusses oder die stille Schönheit eines Sees.
- **Räkeln Sie sich** in einem warmen Wannenbad, spüren Sie das Wasser auf der Haut. Geben Sie eine Handvoll Bittersalz, ein paar Tropfen Lavendelöl und eine halbe Tasse Natron ins warme Wasser. So entgiftet es, reduziert Stresshormone und gleicht den pH-Wert der Haut aus.
- **Schwimmen** Sie auf meditative Art und Weise. Fokussieren Sie sich dabei auf den Rhythmus Ihrer Bewegungen und Atemzüge.
- **Trinken Sie** langsam ein Glas Wasser. Das Eingießen und Genießen zwingt Sie zum Innehalten und beruhigt – eine gute Idee auch für aufgebrachte Kinder und Jugendliche.

3. In Klängen und Tönen schwelgen

Die faszinierende Wirkung von Musik liegt darin, dass sie den Puls verlangsamen und Stress abbauen kann.

- **Gönnen Sie sich ein entspannendes Klangbad.** Die meditativen Klangwellen von Gongs, Kristallschalen und ähnlichen Instrumenten lösen Verspannungen. Die einhüllende Wirkung der Töne sorgt dafür, dass Sie kaum mehr von ablenkenden Gedanken gestört werden.
- **Schließen Sie sich einem Trommelkreis an.** Trommeln kann sich wie eine Verlängerung des eigenen Herzschlags anfühlen. Außerdem haben die Schwingungen einen leicht hypnotisierenden Effekt. Achten Sie auf Tempo, Lautstärke und Rhythmus Ihrer Schläge und verlieren Sie sich ruhig darin.
- **Entspannen Sie sich vor dem Einschlafen mit beruhigender Musik.** Lauschen Sie den Solfeggio-Frequenzen, die eine alte Tonleiter beinhalten, die auch für geistliche Musik wie die gregorianischen Gesänge benutzt wurde, und die Körper, Geist und Seele ausgleichen sollen.

4. In kleinen Schritten vorankommen

Gehen Sie in bescheidenen Babyschritten vor, wenn Sie sich neue Gewohnheiten aneignen möchten. Auf diese Weise ist der Widerstand am Anfang nicht so groß. Hier einige Beispiele:

- Essen Sie auf dem Weg zur Arbeit oder wenn Sie die Kinder zur Schule fahren, ein Stück Obst im Auto.
- Meditieren Sie zweimal wöchentlich fünf Minuten lang oder machen Sie in der Zeit Yoga.
- Gehen Sie eine Viertelstunde früher zu Bett – und nehmen Sie statt des Telefons ein Buch mit.
- Trinken Sie täglich beim Aufwachen und vor jeder Mahlzeit ein Glas Wasser.

Egal, wie langsam: Fortschritt ist Fortschritt. Überhaupt etwas zu tun genügt schon. Auf diese Weise erwächst aus Disziplin kein unnötiger Druck.

5. Downtime: Auszeiten genießen

Während im Zustand der Achtsamkeit geistige Fokussierung und aktives Wachsein das A und O sind, heißt Downtime, die Gedanken umherschweifen zu lassen und abzuschalten.

Begleiten wir eine Aktivität mit »schwebender« Aufmerksamkeit, können wir uns ganz in den Moment fallen und uns treiben lassen, Tagträumen nachhängen und Trost empfinden.

Ob wir gerade voll auf Draht oder müde sind, ein ausgeruhtes Gehirn ist immer leistungs- und aufnahmefähiger. Doch braucht es Auszeiten, um zur Ruhe zu kommen und all die Informationen verarbeiten zu können, die täglich auf es einstürmen.

Im Ruhezustand können wir uns Gelerntes und Erlebtes besser zu eigen machen und Ideen oder Lösungen finden. Ohne solche Auszeiten empfinden wir das Leben oft als Überforderung, als ein Wirrwarr aus Gedanken, Erwartungen und Verpflichtungen, die uns alle im Kopf herumschwirren.

Eine Auszeit dagegen ermöglicht tiefgründigeres Denken, vernünftigere Urteile, bessere Entscheidungen und Lösungen.

Wenn wir alle Hände voll zu tun haben, halten wir Auszeiten für eine ganz schlechte Idee, dabei ist das Gegenteil der Fall: Sie optimieren unsere Leistungsfähigkeit.

Und warum? Weil das Gehirn in diesen Phasen nicht abschaltet, sondern weiter Informationen verarbeitet, Lernprozesse fortsetzt und neue Nervenbahnen etabliert. Hirnkartierungen zeigen, dass zahlreiche Regionen selbst während dieser Ruhephasen noch aktiv sind.

Zudem haben Studien ergeben, dass sich in diesem Schwebezustand auch unsere Fähigkeit erneuert, die Aufmerksamkeit gezielt auf bestimmte Objekte zu richten. So können wir uns aufgrund von Downtime und spielerisch verbrachter Zeit besser auf die Dinge fokussieren, die unserer ungeteilten Aufmerksamkeit bedürfen.

Eine Untersuchung der Columbia University belegt, dass Konzentrations- und Denkvermögen bei Studierenden, die zwischendurch spielerische Lernpausen einlegten, das der Kommilitonen übertraf, die den ganzen Tag lang traditionellen Unterricht hatten.

Unsere Aufmerksamkeit verbessert sich aufgrund von Ruhe und Spiel – Erholung steigert die Produktivität.

Je besser es uns gelingt, zwischen gelenkter und frei flottierender Aufmerksamkeit umzuschalten, desto effektiver werden wir. Und Effektivität wiederum macht gelassen statt frustriert.

Gelenkte Aufmerksamkeit

Dankbarkeit, Genuss und Achtsamkeit sind Formen gelenkter Aufmerksamkeit, die uns helfen, nicht auf Autopilot zu gehen, sondern präsent zu bleiben, den Moment bewusst wahrzunehmen und uns auf das zu konzentrieren, was wir gerade tun. Wann immer wir uns gezielt auf etwas konzentrieren – etwa eine E-Mail zu schreiben oder einen Arbeitsschritt zu erledigen und dabei die Musik aus dem Radio auszublenden –, ist gezielte Aufmerksamkeit am Werk.

Frei flottierende Aufmerksamkeit

Damit meine ich den Ruhezustand des Geistes, wenn er frei umherstreifen kann, obwohl wir durchaus aktiv sind – zum Beispiel beim Spielen, wenn wir den Gedanken freien Lauf lassen.

Das Umswitchen von gelenkter Aufmerksamkeit in diesen Zustand gelingt am besten, wenn wir etwas tun, das die folgenden Bedingungen erfüllt:

- Es ist spannend, aber auch entspannend.
- Es kommt ohne Leistungsdruck aus.
- Es verlangt nicht allzu viel Konzentration.
- Es ist nichts Passives oder Langweiliges.

Bei einer Aktivität, die mit frei flottierender Aufmerksamkeit verrichtet werden kann, darf der Geist spazieren gehen, während sie erledigt wird. Sie fällt Ihnen leicht genug, um Sie nicht zu überfordern, langweilt Sie aber auch nicht.

In diesem Mittelfeld können Sie in den »Flow« finden: ganz bei der Sache sein und vollkommen die Zeit vergessen, während Sie in aller Ruhe Ihrem Ziel entgegenarbeiten. Schauen wir uns im Folgenden ein paar Beispiele dafür an.

6. In den Flow kommen

Welche Tätigkeiten fesseln und faszinieren Sie? Was führt bei Ihnen dazu, dass Sie die Zeit vergessen?

Engagement ist Vertretern der Positiven Psychologie zufolge eine der Säulen menschlichen Wohlbefindens. Und zwar, weil die Welt um Sie herum (und damit auch Ihre Sorgen und Verspannungen) vorübergehend in den Hintergrund tritt, wenn Sie sich mit etwas Faszinierendem beschäftigen und in den »Flow« kommen. Halten Sie sich also Zeiten frei, in denen Sie Dinge tun, die Ihnen Freude machen und Sie voll beanspruchen, zum Beispiel:

- **Blumen arrangieren**. Studien des japanischen Nationalinstituts zur Erforschung der Blumenzucht zufolge wirkt das repetitiv-kreative Blumenstecken stressreduzierend.
- **Gärtnern**. Pflanzen zu züchten und ihr Wachstum zu beobachten ist ebenso spannend wie befriedigend. Wie Hobbygärtner berichten, vergessen sie darüber oft einmal die Zeit. Außerdem gilt der Kontakt mit Erde als beruhigend.

- **Kochen**. Die Zubereitung einer Mahlzeit (deren Rezept Ihnen vertraut ist) macht den Kopf frei, lässt Raum für flottierende Aufmerksamkeit und kann schließlich auch noch gut schmecken.
- **Lesen**. Genießen Sie zum Essen ein paar Kapitel eines guten Buches oder versuchen Sie, sich morgens Zeit freizuschaufeln, um mit einem erbaulichen Text in den Tag zu starten.
- **Stricken**. Das rechte Maß an Fokussierung und die immer gleichen Bewegungen machen das Stricken zu einer perfekten Flow-Aktivität. Eine Untersuchung der Harvard University zeigt, dass Stricken den Puls reduziert und nicht minder beruhigend wirkt als Yoga.

- **Töpfern**. Tonarbeiten lösen im Gehirn dieselben stresslindernden Impulse aus wie das Traktieren von Stressbällen oder Knete.
- **Vögel beobachten**. Eine biowissenschaftliche Studie der Exeter University weist auf einen Zusammenhang zwischen der Anzahl von Vögeln, Bäumen und Sträuchern, die Menschen sehen, und ihrer psychischen Gesundheit hin.
- **Kreuzworträtsel** stellen, wenn sie nicht zu schwer sind, eine gute Ablenkung für den Kopf dar.
- **Der Genuss von Kunst und Kultur**. Seit wissenschaftlich erwiesen ist, dass Kunst beruhigend wirken kann, »verschreiben« manche Ärzte schon bei einer ganzen Reihe von Beschwerden eine Kunsttherapie.
- **Spielen**. Sich im Spiel zu verlieren steigert erwiesenermaßen das Denk- und Problemlösungsvermögen sowie die Fähigkeit, Neuerungen ins Werk zu setzen. Zudem stellt es eine großartige Möglichkeit dar, sowohl präsent als auch mit anderen verbunden zu sein. Ob beim Basketball oder beim Puzzeln: Spielen bringt Energie zurück, verbraucht aber kaum welche.

- **Basteln, Malen oder Handarbeiten**. Wenn man etwas herstellt oder anders kreativ tätig ist, kann man leicht alles um sich herum vergessen und in den Flow geraten. Beim Malen oder Basteln geben Sie Ihrem Kopf etwas, worauf er sich fokussieren kann, was Sie aber nicht stresst. Sie können es richtiggehend mitverfolgen: wie Ihre Anspannung innerhalb weniger Minuten herrlicher innerer Ruhe weicht. Hinzu kommt später noch das schöne Gefühl, etwas erschaffen zu haben.
- **Tagträume und Visualisierungen**. Auch wenn Sie den Geist einfach seiner Wege gehen lassen, geraten Sie über kurz oder lang in diesen erholsamen Zustand. Besser ist es sogar noch, wenn der Tagtraum mit einer Intention verbunden wird. Visualisieren Sie also eine friedliche Szenerie oder träumen Sie, um sich einen Raum der Möglichkeiten zu erschaffen.

Gönnen Sie sich selbst an ihren geschäftigsten Tagen ein wenig Zeit, damit Ihr Geist den Auslauf hat, der ihm so guttut. Diese freien Momente sind nicht weniger wichtig als all die Punkte auf Ihrer To-do-Liste. Geben Sie sich genügend Raum, um Ihre Aufmerksamkeit schweifen zu lassen und einfach zu sein.

Hier noch weitere Möglichkeiten, sich mehr Auszeiten zu verschaffen:

- **Nein sagen**. Vielleicht müssen Sie ja nicht zu der Party gehen oder zum x-ten Mal irgendwo einspringen. Oder sich für eine weitere Trainingsstunde anmelden.
- **Einen Tag im SPA buchen** – nur für sich allein. Auch eine gute Gelegenheit, ein paar Zutaten Ihres »Beruhigungsbalsams« auszuprobieren.
- **Ein Nickerchen**. Tut der intellektuellen Leistungsfähigkeit gut. Die Astronauten der NASA sind zur Stärkung von Arbeitsgedächtnis und Denkvermögen angehalten, neben ihrer üblichen Downtime täglich ein 26-Minuten-Power-Schläfchen einzulegen.

7. Visualisieren

Die Fantasie ist stark, und der menschliche Geist reagiert auf alles, was wir uns vorstellen, ob es real ist oder nicht. Wenn Sie sich zum Beispiel hinlegen und sich ausmalen, an einem Strand zu ruhen, entspannt Sie das. Und umgekehrt stresst es, wenn Sie sich vorstellen, dass Sie durch den Bahnhof rennen und versuchen, den letzten Zug noch zu erwischen. Daher sind Visualisierungen ein großartiges Instrument zur Beruhigung:

- **Stellen Sie sich Ihren Lieblingsplatz vor** – real oder nicht. Wie fühlt es sich dort an? Wie riecht es? Wie ist es dort? Was hören und sehen Sie?
- **Visualisieren Sie Ihre Ahnen**, die sich hinter Ihnen aufgereiht haben, um Sie zu unterstützen. Stellen Sie sich einzeln alle Personen vor, die je zu Ihrem Wohlergehen beigetragen, Sie gefördert und Ihnen den Rücken gestärkt haben. Sehen Sie, wie jeder dieser Menschen Sie mit Liebe umgibt, Sie ermutigt. Atmen Sie diese gesamte Zuneigung ein.
- **Sammeln Sie Erinnerungen**, an die Sie sich in schweren Zeiten halten können. Prägen Sie sich im nächsten Urlaub die idyllischsten Momente besonders gut ein. Spüren Sie, wie Ihnen am Strand der Sand durch die Finger rinnt, und sehen Sie die Wellen Ihre Füße umspielen. Speichern Sie diese Erinnerungen –

was Sie sehen, wie Sie sich fühlen, was Sie hören –, damit Sie sie hervorholen können, wenn der Stress Sie demnächst wieder einholt.

- **Stellen Sie sich ein Gespräch mit Ihrem älteren Ich vor**. Wie sieht es aus? Was trägt es, und wo stehen Sie beide? Was hat Ihr älteres, weiseres Ich Ihnen wohl zu sagen? Wie spricht es Ihnen Mut zu, welchen Trost hat es für Sie parat? Es spricht von einem ruhigeren, fahreneren, geerdeten Standpunkt aus.

8. Trost und Geborgenheit

Je mehr Sie im Einklang mit Ihrem Körper sind, desto schneller erkennen Sie auch, wenn Belastungen ihr Unwesen treiben. Üben Sie sich deshalb darin, die Symptome von Stress frühzeitig zu erkennen – wie beschleunigte Atmung, Herzrasen und Schweißhände. Dann können Sie dagegen angehen, indem Sie bewusst ruhiger atmen und Maßnahmen zur Selbsthilfe ergreifen, wie zum Beispiel:

Brust

- Legen Sie sich eine Hand auf den Bauch und die andere auf den oberen Brustkorb. So fühlt es sich an, ein Baby zu halten.
- Geben Sie sich eine Schmetterlingsumarmung: Arme vor der Brust kreuzen, Daumen verschränken und Hände ausstrecken, sodass das Bild eines Schmetterlings entsteht. Augen schließen und vor der Brust mit den Flügeln (Ihren Händen) schlagen. Dabei tief ein- und ausatmen.

Hände

- Legen Sie die Fingerspitzen beider Hände sanft aneinander. Atmen Sie in dieser Haltung einige Minuten lang tief ein und aus.
- Streichen Sie mit den Fingerspitzen über den Rücken der jeweils anderen Hand. Berührungen dieser Reflexzonen beruhigen.

Gesicht

- Gesichtsmuskulatur anspannen. Loslassen. Die Entspannung spüren.
- Üben Sie mit beiden Handflächen sanften Druck auf Ihr Gesicht aus. Bedecken Sie es danach mit einem feucht-heißen Waschlappen.

Augen

- Massieren Sie sich die Augenbrauen – von innen nach außen.
- Richten Sie den Blick in die Ferne. Das entspannt die Augen und über einen Dominoeffekt auch den übrigen Körper.

Nase

- Schnuppern Sie an ätherischen Ölen. Da diese die Hormonausschüttung und die Emotionen beeinflussen und sich positiv auf die Stimmung auswirken können, wird die Aromatherapie schon lange eingesetzt, um Körper und Geist zu beruhigen. Konsultieren Sie jedoch vor der ersten Anwendung Ihren Arzt. Für Schwangere sind ätherische Öle nicht zu empfehlen.
- Genießen Sie Aroma und Geschmack von Nahrungsmitteln, die Sie besonders mögen. Frisches Brot, Zimt und Pfefferminz lösen besonders angenehme, entspannende Gefühle aus.

Mund

- Berühren Sie beim Einatmen Ihre Lippen. Beim Ausatmen entspannen Sie den Kiefer. Die Berührung der Lippen aktiviert den Parasympathikus und wirkt deshalb beruhigend.
- Drücken Sie die Zunge an den Gaumen, um die Kiefermuskulatur zu entspannen.

Kopf

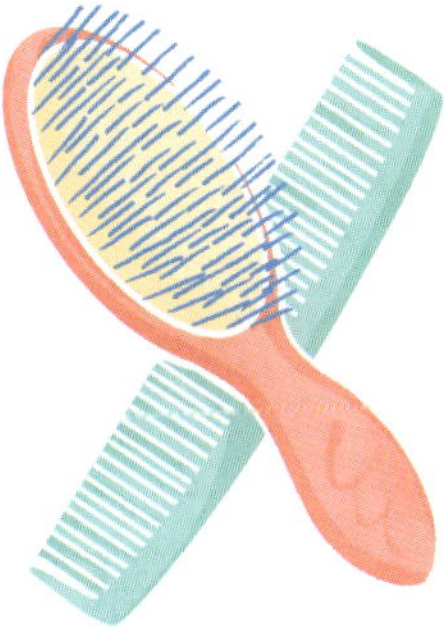

- Massieren Sie sich die Schläfen – mit etwas stärkerem Druck beim Aus- als beim Einatmen. Massieren Sie anschließend Ihren Schädel, als würden Sie sich gründlich den Kopf waschen.
- Bürsten Sie sich den Kopf mit langsamen, konzentrierten Strichen. Die immer gleichen Bewegungen wirken leicht hypnotisch und haben auch Einfluss auf die Akupressurpunkte.

Arme

- Kreisen Sie mit den Armen wie eine Windmühle. Dabei werden Sie am obersten und untersten Punkt der Bewegung langsamer.
- Geben Sie jemandem eine lange Umarmung. Dadurch wird die Ausschüttung des natürlichen Wohlfühlhormons Oxytocin angeregt. Schon eine zwanzig Sekunden lange Umarmung reduziert Stress, gibt ein gutes Gefühl und senkt den Blutdruck.

Füße

- Sie liegen auf dem Boden, die Beine lehnen im rechten Winkel zum Körper an der Wand. Legen Sie sich gern eine zusammengefaltete Decke unter, um das Becken zu stützen. Die Arme liegen mit den Handflächen nach oben rechts und links von Ihnen am Boden. Diese Yoga-Stellung entspannt, erfrischt, verbessert die Durchblutung und wirkt Müdigkeit und Stress entgegen.
- Sie stehen mit nackten Füßen im Gras und nehmen Ihr Körpergewicht wahr. Verankern Sie sich im Boden. Sie spüren das Wirken der Schwerkraft, die Grashalme unter Ihren Füßen. Und Sie fühlen sich verbunden, verwurzelt, geerdet.

Der ganze Körper

- Sie sitzen auf einem Stuhl und beginnen mit einer Körperscan-Meditation. Während Sie langsam ein- und ausatmen, fokussieren Sie sich auf Ihren Körper. Zunächst auf die Füße. Nehmen Sie wahr, wie sie auf dem Boden stehen. Es folgen die Beine, ihr Gewicht und die Berührung der Sitzfläche. Bemerken Sie eventuelle Verspannungen in Rücken und Schultern und versuchen Sie, sie zu lockern. Richten Sie Ihre Aufmerksamkeit dann auf den Bauch. Danach auf die Hände: Krümmen Sie die Finger. Wie fühlt sich das an? Spüren Sie Ihre Arme, den Nacken und die Kehle. Öffnen und schließen Sie den Mund, entspannen Sie Kiefer und Gesichtsmuskulatur. Werden Sie sich Ihres gesamten Körpers bewusst und atmen Sie tief ein.
- Vor dem Zubettgehen empfiehlt sich die Progressive Muskelrelaxation. Dafür spannen Sie bestimmte Muskelgruppen stark an, um sie gleich darauf wieder zu lockern: von den Zehen über Füße, Waden und Knie bis hin zu Brustkorb, Kiefer, Augen und Kopf. Beim Einatmen spannen Sie die jeweilige Muskelpartie an, bleiben einen Moment so und lassen beim Ausatmen die Spannung wieder los. Spüren Sie das Vorher-Nachher, bevor Sie sich der nächsten Muskelgruppe zuwenden.

9. Steuern, was sich steuern lässt

Einer der größten Feinde innerer Ruhe ist das Gefühl, zu wenig Zeit zu haben. Durch Optimierung von Terminen können Sie sich davon überzeugen, dass es im Grunde gar nicht so ist – oder wenigstens nicht so sein müsste.

- **Planen Sie voraus, um Kontrolle über Ihr Leben zu gewinnen.** Das *Journal of Personality and Social Psychology* definiert Autonomie als eine der Hauptkomponenten von Ruhe und Zufriedenheit, als das Gefühl, die eigenen Aktivitäten und Gewohnheiten »selbst zu bestimmen und gutzuheißen«.
- **Früher losgehen.** Nehmen Sie sich vor, das Haus künftig zehn Minuten früher zu verlassen, um den Stress im Straßenverkehr für sich zu minimieren. So kommen Sie stets entspannt und rechtzeitig an Ihrem Ziel an.
- **Das Zeitbudget optimieren.** Überlegen Sie, welche Aktivitäten Sie gleichzeitig verrichten können. Vielleicht müssen Sie mit dem Hund Gassi gehen, mit einer Freundin sprechen und ein Päckchen zur Post bringen. Wie wär's, wenn Sie sich mit der Freundin treffen würden und Hund und Päckchen mitnehmen? Alles nach der Devise: bequem, simpel und Synergien nutzend.

- **Routinen und Rituale etablieren**. Routinen sind gut für die Nerven. Wenn wir genau wissen, was zu tun ist, und deshalb für den Moment keine Entscheidungen treffen müssen, geraten wir in einen entspannteren Gemütszustand.
- **Äußere Stimuli reduzieren**. Allzu oft kapern elektronische Geräte unsere Aufmerksamkeit. Verzichten Sie auf Benachrichtigungen und seien Sie nur zu speziellen Zeiten online.
- **Um Hilfe bitten**. Trauen Sie sich, wenn Ihnen mal wieder alles zu viel wird. Die Kontrolle zu haben heißt nicht, alles selbst machen zu müssen. Sich Unterstützung zu holen ist oft der beste Weg.
- **Geduld üben**. Eile hat nie Zeit, Geduld jede Menge davon. Geduld ergibt sich aus der Erkenntnis, dass nicht alles nach Plan läuft, sowie ausreichend Mitgefühl und Akzeptanz, um den Dingen ihren Lauf zu lassen.

10. Ein Heiligtum erschaffen

Die Außenwelt berührt unser Inneres und die Umgebung kann beruhigen oder den gegenteiligen Effekt haben. Ein schönes Plätzchen, an dem wir uns eine Auszeit gönnen können, ist deshalb ein wunderbares Geschenk für uns selbst.

- **Gestalten Sie ein Fleckchen in Ihrer Wohnung zu einem kleinen Heiligtum um**, an dem Sie sich täglich mindestens eine halbe Stunde aufhalten. Statten Sie es mit Dingen aus, die Ihr Herz erfreuen – vielleicht mit einem Foto, einer Kerze, einer kleinen Blumenvase, Leselampe, mit Notizheft, Stift und Büchern, die Sie mögen. Kissen, Teppiche oder eine schöne Decke sorgen für Bequemlichkeit.
- **Führen Sie ein beruhigendes Kerzenritual durch**. Zünden Sie eine Kerze an und schauen Sie durch halb geschlossene Augen in die Flamme. Beobachten Sie deren Farben und Bewegungen. Sehen Sie ein blaues Licht in ihrem Inneren? Ein goldenes Flackern? Steigt sanft ein wenig Rauch

auf? Lenken Sie Ihre Aufmerksamkeit auf die Kerze zurück, sobald Sie merken, dass Ihr Geist abschweift. Beobachten Sie beim Auspusten der Flamme, wie Ihre Sorgen zusammen mit dem Rauch aufsteigen und verschwinden. Dann zünden Sie die Kerze wieder an, treten einen Schritt zurück und blasen sie mit mehr Nachdruck erneut aus. So oft wiederholen, bis Sie ganz ruhig geworden sind.

- **Suchen Sie sich Fluchtwege**. Versuchen Sie, Örtlichkeiten zu finden, an denen Sie sich auch außerhalb von zu Hause zur stillen Kontemplation zurückziehen können, zum Beispiel:

1. Begeben Sie sich, wenn möglich, ans Meer. Wellen und Seeluft tun der Seele gut – einfach gucken und zuhören.
2. Gehen Sie in eine Kirche. Kirchen sind kühle, beruhigende Orte. Unabhängig von Ihrer Konfessionszugehörigkeit oder Gottesgläubigkeit: Still in einer Kirche zu sitzen und die Atmosphäre auf sich wirken zu lassen, tut einfach gut.
3. Gönnen Sie sich eine Fisch-Watching-Therapie an einem See, Brutbetrieb oder Aquarium. Einer Studie der Universität Exeter zufolge senkt das Beobachten schwimmender Fische Blutdruck und Puls.

- **Entrümpeln für mehr Raum zum Leben** (und Atmen) ist gleich zweifach von Nutzen: Ordnung sorgt für einen klaren Kopf, denn Durcheinander wirkt erdrückend, und Gerümpel erzeugt Stress. Darüber hinaus muss man nicht so viel suchen, wenn alles seinen Platz hat. Und das spart Zeit, nicht zuletzt auch bei der Hausarbeit. Vereinfachung hat einen kathartischen Effekt und mindert die Last allzu vieler Wahlmöglichkeiten.

1. **Fangen Sie mit Ihrer Kleidung an.** Gehen Sie ohne Rücksicht auf Verluste vor. Werfen Sie alles weg, was Sie länger als ein Jahr nicht anhatten. So rückt die gute Garderobe wieder in Ihr Blickfeld, und alles, was nicht mehr tragbar ist, kommt weg.
2. **Kümmern Sie sich um die Müllecken.** Gehen Sie Ihren ganzen Papierkram durch, den Kleinkram in der Küche, im Bad und so weiter. Trennen Sie sich von Dingen, die Sie lange nicht gebraucht haben, und suchen Sie für alles Übrige den richtigen Platz im Haushalt.
3. **Weisen Sie allem seinen festen Platz zu.** Wenn auch Ersatzschlüssel, neue Batterien und dergleichen immer an derselben Stelle liegen, vergeuden Sie nie unnötig Zeit mit Suchen.

4. **Von nun an halten Sie Ordnung**. Nehmen Sie sich täglich zehn Minuten oder am Wochenende eine halbe Stunde, um alles aufzuräumen und Papiere zu ordnen. Diese Dinge, die so gern verschoben werden, zeitnah zu erledigen, gibt ein gutes Gefühl.

11. Einen Einkaufszettel schreiben

Erstellen Sie eine Liste mit Dingen, die Ihnen guttun. Zum Beispiel:

- Pfefferminz- oder anderer Kräutertee (ein beruhigend wirkender Ersatz für Schwarztee)
- Raumspray mit Lavendel- und Vanillearoma
- Bittersalz als Badezusatz
- Lockere weiße Kleidung aus natürlichen Materialien
- bequeme Schuhe
- etwas Violettes (diese Farbe unterstützt die heitere Gelassenheit)
- Blütenpflanzen, zum Beispiel Lavendel und Kamille – ihr Duft stimuliert die Ausschüttung der beruhigenden Wohlfühlsubstanz Serotonin
- Ginseng trägt zur nervlichen Entspannung bei
- Grünpflanzen – sie spenden Sauerstoff und sorgen für eine beruhigende Atmosphäre

- Vitamin-A- und Vitamin-B-reiche Nahrungsmittel – wie etwa rohes Obst und Gemüse, Vollkorn, Weizenkeime, Bohnen, Linsen, Erbsen, Nüsse, Saaten, Eier, Joghurt und Milch. Sie haben beruhigende Eigenschaften
- einen Talisman, also einen Gegenstand, der negative Gedanken vertreibt und Ihnen ein gutes Gefühl gibt, wann immer Sie ihn zur Hand nehmen. Nutzen Sie ihn als Erinnerung daran, dass Sie innehalten und mit Bedacht reagieren können. Infrage kommen zum Beispiel die Perlen einer Mala, ein schöner Kieselstein oder ein Anti-Stress-Ball. Bewahren Sie das Objekt in Ihrer Hosen- oder Handtasche auf oder in einer Schublade
- ätherisches Rosen-, Orangen- und Lavendelöl zur Verwendung auf dem Kopfkissen oder, mit Wasser verdünnt, in einer Sprühflasche.

12. Verbundenheit intensivieren

Verbundenheit beruhigt. Und durch die Intensivierung unserer Verbundenheit mit der Umwelt, den Menschen in unserem Leben und nicht zuletzt mit uns selbst gewinnen wir erheblich an Gelassenheit und Leichtigkeit hinzu.

- **Verbundenheit mit der Natur**. Lassen Sie sich von der Natur verwöhnen. Machen Sie einen Waldspaziergang, laufen Sie barfuß über Gras, legen Sie sich auf die Erde und schauen Sie zum Himmel hoch. Das Eintauchen in die Natur aktiviert die Sinne, reduziert Stress, erzeugt Ehrfurcht und Ruhe. Waldspaziergänge senken bekanntermaßen Blutdruck sowie Puls und reduzieren die Ausschüttung des auch als »Stresshormon« bekannten Cortisols. Nicht umsonst ist die japanische Kunst des Waldbadens auf der ganzen Welt so beliebt.
- **Verbundenheit mit anderen Menschen**. Verbringen Sie Zeit mit Seelenschwestern und -brüdern, von denen Sie sich wahr- und angenommen empfinden und bei denen Sie sich wohlfühlen. Das Phänomen der »emotionalen Ansteckung« bedeutet nichts anderes, als dass wir dazu neigen, uns die Stimmung unseres Umfelds »einzufangen«. Suchen Sie also die Gesellschaft von Menschen, die Ihnen guttun, Sie aufmuntern, trösten und Ihnen die Sicherheit geben, die nur ein Gefühl der Zusammengehörigkeit vermitteln kann.

- **Technische Geräte abschalten**. Stellen Sie Fernseher, Laptop, Handy ab. Hin und wieder auch mal »ohne« auszukommen, bietet die Chance, uns öfter und intensiver mit Menschen, die wir mögen, und mit uns selbst zu beschäftigen.

- **Kontakt mit der eigenen Person**. Eine bessere Eigenwahrnehmung gestaltet das Leben harmonischer und leichter. Auch trägt sie zu größerer Selbstakzeptanz bei. Hier einige Möglichkeiten, Ihre Eigenwahrnehmung zu optimieren:

1. **Führen Sie Tagebuch**. Überdenken Sie Ihre Verhaltensmuster, Reaktionen und Gefühle und schreiben Sie Ihre Erkenntnisse auf, um sie aus dem Kopf zu bekommen. Dies gibt Ihnen die Gelegenheit, versuchsweise verschiedene Perspektiven einzunehmen und Situationen, die Ihnen zu schaffen machen, einmal aus einem anderen Blickwinkel zu betrachten. Je besser Sie sich kennen und verstehen, desto besser kommen Sie mit sich klar und desto behutsamer können Sie mit sich umgehen.

2. **Seien Sie ganz Sie selbst.** Nichts schadet der inneren Ruhe so wie der Energieaufwand, der betrieben werden muss, um das wahre Selbst zu verbergen. Dagegen besteht die beste Möglichkeit, durchgehend entspannt und gelassen zu sein, darin, sich genau so zu zeigen, wie man ist. Weil dabei keine Energie unnötig verbraucht wird. Wenn Sie vollkommen in sich zu Hause sind, sich verhalten, wie es Ihrem wahren Wesen entspricht und überhaupt ganz Sie selbst sind, gewinnen Sie erheblich an Leichtigkeit und Gelassenheit hinzu.
3. **Seien Sie auch mal für sich.** Alleinsein ist beruhigend, man kann sich die positive Wirkung jedoch selbst dadurch verderben, dass man einen Radio- oder Fernsehsender laufen lässt, ohne groß darauf zu achten. Das Erlernen des Alleinseins hilft Ihnen, Ihre innere Stille zu kultivieren, die wiederum Ihre Seele nähren kann. Seien Sie wie die Achse eines sich drehenden Rades: Die Speichen stehen für Ihre Verantwortungsbereiche, Aufgaben und Beziehungen. Sie aber können still, gelassen, innerlich friedvoll und präsent bleiben – zentriert wie die Achse des Rades.

nicht. Schließlich müssen wir Geld verdienen, die Familie ernähren, Träumen nachgehen.

Doch wie wär's, wenn wir selbst im Chaos Ruhe finden könnten?

Die Ideen und Vorschläge in diesem Buch – einem Leitfaden zur Bewältigung des alltäglichen Wahnsinns – sollen Ihnen helfen, den Druck etwas zu drosseln und mehr Leichtigkeit zu erfahren.

Aber leicht wird es nicht. Denn die ständige »Rufbereitschaft« gegenüber unseren Smartphones heißt auch, dass wir die Momente, aus denen unser Leben besteht, immer weniger bewusst erleben.

Produktivität und Erfolge sind uns wichtiger geworden als Leichtigkeit und Zufriedenheit.

Das Leben heutzutage ist laut und lärmig.

Weltweit reagieren die Menschen auf den zunehmenden Druck mit Ängsten und Depressionen. Derweil bombardiert der anschwellende Lärm unsere Sinne und nimmt alle Räume ein, in denen früher Frieden, Ruhe und Entspannung herrschten.

Die praktischen Weisheiten auf den nächsten Seiten sollen Ihnen das Leben erleichtern. Nicht zuletzt mit Vorschlägen zum Innehalten durch ein Mehr an Gelassenheit, Abstand und Überblick ist dieses Buch sowohl Gegenmittel gegen die Tumulte des Alltags als auch Leitfaden für ein entspanntes Leben inmitten ebendieses Durcheinanders.

Die Aktivitäten, die ich im Folgenden vorstelle, sind Beispiele dafür, wie Sie mehr Ruhe in Ihren Tagesablauf bringen und genügend Ausgeglichenheit erlangen können, um gelassen am Steuer Ihres Bootes zu stehen und in ruhigere Gefilde zu segeln.

Die Integration dieser Übungen und Momente bewusster Achtsamkeit ermöglicht es Ihnen, Ihren Widerstand zu reduzieren und die Gewässer des Lebens künftig mit größerer Leichtigkeit zu befahren.

Vergessen Sie dabei das Atmen nicht!

»Selbst durch den dichtesten Bambuswald kann das Wasser noch frei und ungehindert fließen.«

ZEN-WEISHEIT

Einführung

Überfordert? Unter Druck? Da sind Sie nicht allein. Die Hektik des modernen Lebens wächst uns zuweilen allen über den Kopf. Und das ist ja auch kein Wunder.

Die schwindelerregende Vielzahl von Terminen, Verpflichtungen und Social-Media-Impulsen raubt uns die Ruhe. Ständig checken wir nervös, ob wir nicht womöglich irgendwas vergessen haben, was wir dringend hätten tun müssen.

Und das macht viele von uns zu den sprichwörtlichen Schwänen: über Wasser ganz ruhig, doch unter der Oberfläche strampeln und strampeln wir …

Nicht Leichtigkeit kennzeichnet den Status quo, das tun eher schon Chaos, Erwartungsdruck und steigende Stresslevel.

Und während wir gegen endlose To-do-Listen ankämpfen, uns irgendwie durchschlagen, gewinnen, verlieren und dazulernen, obsiegt die Tyrannei der Müdigkeit und macht uns kaputt.

Aber alles hinschmeißen, in den Sonnenuntergang segeln und nur noch meditieren geht natürlich auch

Inhalt

Zum Schluss

In dem Maße, in dem wir gelassener und leichtfüßiger werden, lernen wir auch, besser zu unterscheiden, worauf wir uns einlassen wollen und worauf nicht. Denn die innere Ruhe hängt ja nicht zuletzt davon ab, was wir denken, fühlen und tun.

Deshalb hoffe ich auch, dass Sie nach der Lektüre dieses Büchleins wissen, welche Gedanken, Gefühle und Aktivitäten Ihrer Leichtigkeit und Gelassenheit dienlich sind.

Ich hoffe, dass Sie nunmehr bereiter und besser in der Lage sind, die beruhigenden Rhythmen des Lebens wohlwollend zu akzeptieren, und Sie die Dinge ab sofort mit einem Ihnen zuträglicheren Tempo angehen können.

Auch hoffe ich, Sie mit genügend Ideen, Strategien und Techniken ausgestattet zu haben, die Sie umsetzen und anwenden können, wann immer Sie etwas Unterstützung brauchen.

Sobald Sie dem Leben mit Aufgeschlossenheit und Vertrauen entgegentreten, werden Sie von gelassener Leichtigkeit getragen werden und alle Antworten in sich selbst finden.

Alles Gute!

Danke!

Gute Freundinnen und Freunde können uns im Chaos des Lebens unterstützen und zu Klarheit, Leichtigkeit, Sicherheit und Ruhe verhelfen.
Deshalb danke ich euch, mit denen ich Kontakt aufnehme, wenn ich etwas Mitgefühl, ein empathisches Ohr und praktische Ermutigung brauche: Jennie, Joanna, Iva, Debra, Ann, Lisa und Peta. Danke dafür, dass ihr meine Seelenschwestern in Leichtigkeit seid. Danke auch an The Girlies, The Hursley Mummas und The Poppies Massive dafür, dass ihr mich unablässig unterstützt und zum Lachen bringt – zuverlässige Gegenmittel gegen Überforderung und eine warme Umarmung für die Psyche. Ich bedanke mich zudem bei Rebecca und Susan für die aufmunternden Skype-Chats, die mir immer ein gutes Gefühl geben und stets hilfreich sind.
Ein weiterer Dank geht an meine Brunch-Kumpeline Amber Reed sowie an Lucie Howells dafür, dass sie meinen verspannten Schultern regelmäßig eine wohltuende Massage verpasst.
Danke sage ich Polly und Stephanie bei Octopus Books. Die Zusammenarbeit mit euch macht irre Spaß.
Nicht zuletzt danke ich euch, Brooke und James. Ihr wisst, warum.

Euch allen ein riesengroßes Dankeschön!